AF296049

ALEXANDRE CHALERT

Impressions d'un Soldat

LA CAMPAGNE DE 1870
RACONTÉE PAR UN LIEUTENANT ALSACIEN
PENDANT SA CAPTIVITÉ A MERSEBOURG

AVEC UNE PRÉFACE DE Félix BLUMSTEIN fils

STRASBOURG

TREUTTEL ET WURTZ, ÉDITEURS
31, rue des Hallebardes, 31

1908

Impressions d'un Soldat

ALEXANDRE CHALERT

ALEXANDRE CHALERT

Impressions d'un Soldat

LA CAMPAGNE DE 1870
RACONTÉE PAR UN LIEUTENANT ALSACIEN
PENDANT SA CAPTIVITÉ A MERSEBOURG

AVEC UNE PRÉFACE DE **Félix BLUMSTEIN fils**

STRASBOURG
TREUTTEL ET WURTZ, ÉDITEURS
31, rue des Hallebardes, 31
—
1908

Extrait du *Messager d'Alsace-Lorraine*

10, RUE DU REGARD, PARIS

PRÉFACE

Le Capitaine Alexandre Chalert

La capitulation de Sedan, précédée dès journées de Wissembourg, Frœschwiller, Borny, Rezonville et Saint-Privat, a inauguré la série des désastres qui rendent si douloureux le souvenir de l'année terrible.

Et cependant, ces journées ne furent pas sans honneur pour les combattants de l'armée française qui, en face d'un adversaire bien supérieur en nombre, fit preuve d'une bravoure digne d'une meilleure fortune.

Je suis heureux de pouvoir faire connaître, par la publication des modestes mémoires qui suivent, l'un de ces braves soldats, si simple dans sa patriotique vaillance et qui mourut en Alsace, il y a plus de vingt ans, entouré de la sympathie de tous ceux qui l'approchèrent.

C'est en dépouillant et classant dès papiers de famille, que je trouvai les Impressions d'un soldat, de mon oncle Alexandre Chalert, capitaine au 6e hussards.

Par leur franchise militaire, leurs détails minutieux, ces notes écrites sans prétention, me paraissent mériter l'intérêt.

On y trouvera l'expression d'un patrio-

tisme ardent, mêlé à l'amertume des epreuves subies et des humiliations imméritées.

Mon oncle, Alexandre Chalert, était né à Schlestadt, le 1er janvier 1825.

Il s'engagea en 1844 et fut incorporé dans un régiment d'artillerie à Douai ; sept ans après, il entrait dans le régiment des dragons de l'impératrice et plus tard fut appelé comme lieutenant au 2e chasseurs à cheval en garnison à Limoges. En 1866, il fut décoré de la croix de la Légion d'honneur et obtint également la médaille militaire.

Il fit la campagne de 1870, fut blessé à Sedan et pendant sa captivité, interné à Mersebourg. C'est là qu'il rédigea les notes que j'ai découvertes.

En 1872, il prit sa retraite comme capitaine.

De taille moyenne, le buste développé, la tête haute, les cheveux coupés en brosse, Chalert avait la physionomie, l'allure et l'âme du soldat, le tout joint aux manières de l'homme du monde ; il était du reste aussi l'âme de ses soldats et son courage était connu de ses camarades.

Félix Blumstein fils.

Strasbourg, 15 novembre 1907.

IMPRESSIONS D'UN SOLDAT

LA CAMPAGNE DE 1870

RACONTÉE PAR UN LIEUTENANT ALSACIEN

PENDANT SA CAPTIVITÉ A MERSEBOURG

Appelé dans mon grade au 6e chasseurs à cheval, je rejoignis ce régiment au camp de Châlons, où j'arrivai le 9 août 1870. Le 6e chasseurs venant de Tarascon était installé au camp depuis plusieurs jours (5 août) et était désigné pour faire partie du 6e corps de l'armée du Rhin ; il formait brigade avec le 1er hussards, sous le commandement du général Tillard.

L'enthousiasme le plus grand régnait au camp ; chacun brûlait du désir ardent de combattre un ennemi aussi puissant qu'orgueilleux. Le régiment sous les ordres du colonel Bonvoux se composait en majeure partie d'hommes qui avaient l'habitude de camper, habitude qu'ils avaient acquise pendant leur séjour en Afrique ; montés en chevaux de Tarbes, les hommes bien portants étaient gais, pleins d'ardeur. Le 6e chasseurs

se trouvait donc dans les meilleures conditions pour faire campagne.

Il manquait cependant une chose essen-
tielle au 6e chasseurs : c'était la bonne et
franche camaraderie parmi les officiers,
qui n'existait pas ; j'étais d'ailleurs étranger
au régiment et j'ai été d'autant mieux à
même de remarquer la froideur et le peu
d'union qui régnait parmi ces messieurs ;
j'en fus frappé. Je ne parlerai pas de la rai-
deur glaciale avec laquelle je fus accueilli
au régiment. Cependant, les anciens, qui
avaient fait le camp de Châlons comme moi,
précédemment, ont remarqué la différence
qui existait entre les deux époques, comme
animation ; avant, c'était un camp de ma-
nœuvres et de plaisir ; aujourd'hui, la gaîté
folle qui régnait alors est remplacée par un
calme froid dans toute l'étendue du terrain
occupé par les troupes ; l'aspect triste de
celles qui arrivent et qui partent semble
faire présager des défaites que l'avenir n'a
malheureusement que trop justifiées.

Reichshoffen.

Le régiment était encore au camp lorsqu'on apprit, par dépêche, la défaite du
maréchal de Mac-Mahon à Reichshoffen.

La réputation du maréchal, habitué à
vaincre, la solidité des troupes qu'il commandait et qui venaient en grande partie
d'Afrique, donnaient une si grande confiance
dans la victoire, qu'il semblait impossible

que cette victoire fût changée en une défaite aussi complète.

La nouvelle ne se confirme malheureusement que trop, et, quelques jours après, le camp reçoit les fuyards, les blessés et quelques fractions de troupes qui ont assisté à cette affaire ; on se presse autour d'eux, on les interroge, on est de plus en plus convaincu qu'on aura à compter avec un ennemi bien supérieur en nombre et possédant une artillerie formidable.

Le 15 août de 1870.

Le 15 août, une dépêche de l'empereur apprend à l'armée que l'ennemi a été repoussé près de Metz ; cette nouvelle est accueillie avec plaisir, mais un certain froid règne toujours dans le camp. On monte à cheval à midi pour exécuter une manœuvre de division ; on ne voulait pas consacrer cette journée à fêter l'anniversaire de la naissance d'un lâche, alors que l'ennemi avait déjà envahi notre territoire.

Départ du camp, le 15 août.

Le même jour, à huit heures et demie du soir, on sonne à cheval ; la brigade entière plie tentes et bagages et on se met en route, sans qu'aucun ordre de l'autorité supérieure n'indiquât la direction ; après avoir marché toute la nuit et une partie de la matinée, nous arrivons à Clermont, en

Argonne, le 16 août, à onze heures du matin ; nous campons dans les jardins du village. C'est là que, pour la première fois, les récits presque toujours différents des habitants nous firent cependant supposer que l'ennemi n'était pas loin et que bientôt nous aurions à nous mesurer avec lui...

Le régiment n'avait plus que quatre escadrons ; le 5e était parti du camp pour Nancy, où il devait servir d'escorte au maréchal Canrobert ; on nous apprend que nous avons voyagé et fatigué hommes et chevaux pour protéger le passage de l'empereur qui arrive de Metz et se dirige sur le camp de Châlons. En effet, à trois heures de l'après-midi, le général Tillard prie quelques officiers de l'accompagner à la gare. Un instant après, le train arrive ; nous voyons l'empereur et sa suite dans un wagon de 3e classe, il se lève, se penche de notre côté, salue de la main ; il paraissait calme, avait la figure souriante et semblait espérer dans l'avenir.

Sainte-Menehould, du 17 au 22 août 1870.

Le lendemain, à midi, le régiment monte à cheval, à quatre heures du soir, et se dirige sur Sainte-Menehould, où nous campons dans une vaste prairie ; les distributions se font régulièrement ; on attend de nouveaux ordres ; nos bagages et notre deuxième cheval sont renvoyés au camp ; nous ne devions plus les revoir.

Arrivée d'une brigade de chasseurs d'Afrique.

Le 18, à quatre heures du matin, nous entendons des commandements et quelques sonneries ; aussitôt le régiment est sur pied ; j'étais couché cette nuit-là *dans un lit*, dans une auberge touchant le bivouac, profitant ainsi que mes camarades de l'occasion qui se présentait pour me déshabiller et prendre un peu de repos dont nous avions tous grand besoin ; il n'y avait d'ailleurs aucun danger du côté de l'ennemi. Nous fûmes sur pied en un clin d'œil, mais notre surprise fut grande en voyant notre camp occupé par deux régiments de chasseurs d'Afrique (1er et 3e) et par un escadron de guides de la garde. On s'empresse de s'enquérir des nouveaux frères d'armes et chacun de nous va à la recherche d'un ancien camarade ; pour ma part, j'ai retrouvé là et serré cordialement sur mon cœur plusieurs amis que j'avais perdus de vue depuis fort longtemps (Pougeras, Hériaut, Baudoin, Petit, de Solanges). Je les ai retrouvés avec plus de bonheur encore, sur le champ de bataille, après nos charges si belles, mais hélas si infructueuses, tous démontés et couverts du sang de leurs pauvres bêtes, tuées sous eux. Ils nous disent qu'ils viennent de Verdun, toujours pour protéger le passage de l'empereur, mais qu'en passant à Pont-à-Mousson, ils avaient un peu tâté du Prussien ; ils nous montrèrent des chevaux, des armes et des harnachements pris à ces derniers ; ils nous racontèrent comment quelques-uns d'entre eux avaient été heureux dans les rencontres qu'ils avaient eues avec l'ennemi.

Le 1er chasseurs d'Afrique, plus heureux que le 3e, avait déjà reçu des récompenses ; l'empereur avait récompensé ce régiment en lui donnant deux croix, six médailles et 500 francs par escadron. Dans leurs récits, les officiers des deux régiments convinrent tous, d'un commun accord, que la cavalerie prussienne ne nous était pas supérieure, mais que leurs généraux étaient très habiles à l'employer et que les avantages qu'ils en tiraient étaient des plus importants. Un de ces messieurs nous raconte que, dans une reconnaissance, un chasseur d'Afrique poursuivait un uhlan ; ce dernier semblait à bout de forces et allait infailliblement périr sous un coup de pointe, quand tout à coup il se retourne et dit en bon français au chasseur d'Afrique : « Désiré, je t'en prie, ne me fais pas de mal, fais-moi prisonnier ». Cette voix n'est pas inconnue au chasseur qui reconnaît dans le uhlan un ancien camarade d'Afrique, avec lequel il avait servi dans la Légion étrangère.

Passage du régiment sous les ordres du général Margueritte.

Ce même jour, nous passons sous les ordres du général Margueritte qui prend le commandement provisoire de la division (1er et 3e chasseurs d'Afrique, 1er hussards et 6e chasseurs).

A midi, le général nous fait changer de bivouac ; la division reste à Sainte-Menehould jusqu'au 22 où elle est exercée aux reconnaissances, grand'gardes, patrouilles, etc., etc., qui ont été malheureusement trop souvent négligées, quand on s'est trouvé plus près de l'ennemi.

Bérieux, le 22 août.

Le 22, on selle à 9 heures du matin et l'on attend des ordres. A 5 heures, on sonne à cheval et on se met en route immédiatement pour Bérieux, petit village situé à 12 kilomètres de Sainte-Menehould, sur la route de Vouziers. Nous arrivons à l'étape à 7 h. 1/2 du soir ; les habitants nous distribuent de la paille pour passer la nuit. Le lendemain, nous montons à cheval à 5 h. du matin par une pluie battante qui dure toute la journée. On fait boire les chevaux à la gamelle dans un petit ruisseau qui traverse la route et à 8 heures nous arrivons à Monthois. Nous campons près du village, les distributions continuent à se faire régulièrement ; on trouve assez facilement à se nourrir ; on fait séjour le 24.

Vouziers, le 25 août.

Le 25, à cheval, à cinq heures du matin ; nous nous dirigeons sur Vouziers que nous traversons à sept heures ; là nous rencontrons l'escorte du général de Failly (escadron du 4ᵉ hussards). Nous continuons notre route, nous dirigeant sur le Chesne-Populeux où nous arrivons vers midi ; nous campons à l'entrée du village où nous trouvons les ressources nécessaires à l'alimentation de nos hommes et de nos chevaux ; les habitants viennent nous voir au bivouac ; ils apportent du bois pour faire des feux ; notre présence leur donne de l'espoir pour l'avenir. Nous avons su depuis que ces braves gens avaient été maltraités par les Prussiens.

Saint-Pierremont, le 26 août.

Le lendemain, à cinq heures du matin, nous levons le camp et nous arrivons à Saint-Pierremont à midi ; le bivouac est établi à l'entrée du village, dans un terrain boueux. Là nous commençons à nous sentir près de l'ennemi, car d'après les *on-dit* des paysans, les coureurs prussiens ne manquaient pas dans les environs. On ne tient aucun compte de ces avertissements, et, comme toujours, on allume des feux énormes qui se voyaient à deux lieues à la ronde, et cette fois, comme dans maintes circonstances, nous nous mettons dans le cas de nous faire enlever par suite de notre incroyable et inexplicable imprévoyance ; nous avons vu plus tard comment on paie cher une pareille insouciance dans le voisinage d'un ennemi aussi formidable et aussi vigilant.

Reconnaissance sur Busancy, le 27 août.

Le lendemain, à quatre heures du matin, l'escadron, commandé par le capitaine Puesch (escadron dans lequel j'avais été placé, à tort, comme lieutenant en 2ᵉ, mon ancienneté m'appelant, avec mon grade de lieutenant en 1ᵉʳ dans un autre escadron), fut commandé pour faire une reconnaissance dans les environs de Busancy, où les renseignements recueillis la veille faisaient présumer la présence de l'ennemi. On monte à cheval immédiatement ; le colonel Bonvoust et le lieutenant-colonel Aubert marchent en tête de la colonne ; on envoie des flanqueurs et des éclaireurs et, après 2 kilomètres de marche, je reçus l'ordre de prendre le commandement de la 2ᵉ division de l'escadron, de suivre le 1ᵉʳ bataillon à 500 mètres de distance. J'avais beaucoup de peine à observer ses déplacements, vu l'intensité du brouillard qui m'empêchait de distinguer à plus de vingt pas devant moi. J'étais appelé à soutenir la 1ʳᵉ division et à venir rapidement à son secours en cas d'attaque, mais soudain je reçus l'ordre de m'arrêter et d'attendre de nouveaux ordres. Je fis halte à hauteur d'un petit bois et ordonnai de mettre pied à terre à la moitié de mes hommes, pour resangler les chevaux successivement. Je recommandai le plus grand silence, car je me sentais instinctivement près d'un ennemi, que nous ne pouvions pas voir. D'ailleurs, en descendant dans les bas-côtés de la route, je trouvai de la paille fraîchement piétinée et du crottin fumant encore. Je fis charger les armes et me tins prêt à combattre à pied avec la moitié de mes hommes. Mais j'avais ma consigne; je devais rester sur la route pour protéger la 1re division, que j'avais perdue de vue, et je ne pouvais pas, comme je brûlais d'envie de le faire, fouiller le bois et fusiller avec nos chassepots, à bout portant, tous les uhlans cachés dans le bois, car il y en avait. Ils devaient avoir, eux aussi, pour consigne de ne pas attaquer. Cependant la 1re division continua sa reconnaissance jusqu'au village et reconnut comme moi que nous étions entourés d'ennemis de tous côtés. Nous apprîmes par des paysans que dans le village se trouvaient 25 ou 30 uhlans sous le commandement d'un officier, qui parlait le français. Il faisait des acquisitions et réclamait des vivres pour une troupe assez considérable. De plus, les bois étaient remplis de Prussiens. Nous pouvions faire feu sur les vedettes ennemies que nous apercevions à l'horizon, mais le colonel s'y opposa, et avec raison. Nous fîmes demitour; notre mission d'éclaireurs était accomplie et nous devions revenir en rendre compte au plus vite. A peine avions-nous fait notre mouvement de retraite que nous vîmes sortir des bois, de tous côtés, des Prussiens à cheval, commandés par un offi-

cier, qui, des hauteurs qui nous dominaient,
et, le temps s'étant éclairci, voyaient parfai-
tement nos mouvements, nos forces, la

ALEXANDRE CHALERT EN 1865

situation du campement et rendaient par
là de signalés services aux corps qu'ils
éclairaient. Hélas ! dans la soirée, un esca-

dron du 12ᵉ chasseurs nous succéda dans les reconnaissances que nous fîmes le matin sur Busancy. Comme nous, ils ne tardèrent pas à s'apercevoir de la présence des vedettes ennemies ; l'officier qui commandait la reconnaissance chercha à les enlever, mais celles-ci se replièrent lestement sous bois. Les chasseurs eurent l'imprudence de les poursuivre ; je dis imprudence, car, à peine étaient-ils à portée, qu'une décharge d'infanterie couchée sous bois met un grand nombre d'entre eux hors de combat; le reste n'eut que le temps de battre en retraite, vigoureusement poursuivi par des cuirassiers prussiens qui les font prisonniers en grande partie. Le but de la reconnaissance du 12ᵉ chasseurs a donc été complètement manqué.

Plusieurs escadrons du régiment ont été envoyés en reconnaissance sur des points différents ; le résultat a été le même partout, c'est-à-dire que nous avons toujours été convaincus que le gros de l'armée prussienne était toujours couvert par de nombreux éclaireurs, qu'il se cachait sous bois et que nous devions sous peu de jours nous attendre à une grande bataille.

Cependant, le général Margueritte est nommé général de division (26 août). Le régiment reste sur le plateau de Saint-Pierremont toute la journée du 27, les chevaux restent sellés et bridés et nous attendons toute la journée, sous une pluie battante, la bride au bras.

La Berlière, le 28 août.

Le 28, on traverse la Berlière ; on campe près de la route de Beaumont, les chevaux comme la veille restent sellés et bridés. Le temps est affreux et nous rentrons à Berlière à quatre heures du soir, trempés jusqu'aux os. A cinq heures du matin, le lendemain, nous passons la Meuse à Mouzon, campons provisoirement sur un plateau qui domine cette petite ville et assistons au défilé d'une brigade d'infanterie ; on entend le canon ; c'est le général de Failly qui est aux prises avec l'ennemi (bataille de ~~Noir~~). Nous apprenons que la journée a été favorable à nos armes, que quarante pièces d'artillerie sont tombées en notre pouvoir.

Vaux, le 29 août.

Dans-l'après midi, nous montons à cheval, et nous allons camper à Vaux (1) à 2 kilomètres de là.

Le lendemain, on entend de nouveaux le canon, dans les environs de Mouzon. On monte à cheval à deux heures de l'après-midi, la division se porte au galop sur Mouzon et, dans cette marche rapide, les hommes allégent leurs chevaux en jetant à terre tous les effets qui pouvaient nuire durant le combat. Nous pensions courir ainsi à la charge ; le sol était jonché d'effets de toute nature, et nos chevaux ainsi déchargés d'un poids

---

(1) Vaux, frontière de la Belgique, à 4 kilom. de Sedan.

gênant, animés par le son du canon,comprenaient ce qu'on allait exiger d'eux ; nous avions de la peine à les maîtriser.

Mouzon, le 30 août.

Arrivés sur un plateau qui domine la ville, nous trouvons l'infanterie de marine prête à combattre et en même temps l'empereur suivi d'une faible escorte ; il est acclamé par toutes les troupes qui croyaient qu'elles allaient avoir l'honneur de combattre sous ses yeux; il ne salue même pas ; il a la tête tournée du côté où se livre la bataille, il paraît souffrant, soucieux, préoccupé.

Notre ardeur à nous trouver enfin aux prises avec un ennemi qui jusqu'alors était toujours resté invisible pour nous, fut encore une fois déçue ce jour-là. Nous recevons l'ordre de rétrograder sur Sailly ; le feu cesse à sept heures et demie du soir.

Sailly; combat de Beaumont, le 30 août.

Nous apprenons dans la soirée que le général de Failly s'est laissé surprendre, que son corps a essuyé des pertes considérables, que l'ennemi lui a enlevé huit canons et repris les pièces qu'il avait gagnées la veille. Le général se reposait avec calme sur les lauriers acquis la veille, en face d'un ennemi qui ne dormait pas, lui, et tout en prenant tranquillement son café, avec son état-major, il négligea tout, les reconnaissances, les patrouilles, les grand'gardes. C'est par suite de cette insouciance impardonnable que son camp a été cerné par l'armée prussienne qui lui a enlevé des régiments de cavalerie qui étaient à l'abreuvoir et des régiments d'infanterie qui avaient démonté leurs armes et qui faisaient paisiblement leur cuisine. Les Prussiens ont bien dû rire ! Toujours la même faute de notre côté et qui malheureusement devra encore trop souvent se reproduire.

Carignan, le 31 août.

Le 31 août, à minuit, nous montons à cheval dans le plus grand silence, et par une nuit très obscure, nous passons la Chièze ; nous allons camper à gauche de la route de Sedan. Le camp est levé à 9 heures du matin, nous traversons Carignan et, après une longue et pénible marche à travers champs, nous arrivons à Illy à 4 h. 1/2 du soir. Le canon tonne toute la journée ; c'est le combat de Remilly qui se livre.

Bataille de Sedan, 1ᵉʳ septembre.

Le lendemain, 1ᵉʳ septembre, le réveil sonne à 3 heures du matin ; à 5 heures, le feu s'engage à deux kilomètres de notre bivouac, nous sautons à cheval ; on nous place en bataille derrière un bois. A 6 heures, les obus viennent tomber en avant de nos escadrons, nous ne sommes pas encore atteints.

Le brave général Tillard se porte en avant de sa personne, et se place près d'une croix en pierre placée entre deux arbres espérant dans cette position découvrir les mouvements de l'ennemi. Un obus vient tomber à trente mètres en avant de lui, il va rejoindre sa brigade, et à peine a-t-il quitté cette place, qu'un nouvel obus vient abattre l'arbre derrière lequel il s'était placé : — Ah! ils pointaient bien les Prussiens ! ! ! Ce fut d'un mauvais présage pour notre pauvre général : la fin de la journée lui a été funeste. Le feu de nos mitrailleuses est tellement nourri que nous supposons que l'ennemi doit essuyer des pertes considérables.

Un sous-officier porte-fanion passe près de nous à la recherche du général Margueritte, qu'on ne trouve pas. Cet officier général s'était approché en personne du champ de bataille pour découvrir les mouvements de l'ennemi. Notre curiosité ayant été mise en éveil, nous interrogeons le sous-officier et il nous dit :

— L'affaire marche bien. Les Prussiens perdent beaucoup de monde, nos mitrailleuses les couchent comme si on les fauchait, mais ils sont bien nombreux ! »

Puis, hélas ! il nous confia, avec la plus grande circonspection, que le maréchal de Mac-Mahon venait d'être blessé. Il nous prie de laisser ignorer ce malheur à la troupe, pour ne pas la démoraliser, car la réputation du maréchal, malgré la déraite de Reichshoffen, n'était guère amoindrie.

Bientôt le feu continue avec plus de violence de part et d'autre ; l'ennemi cherche à tourner nos positions. C'est alors qu'une grêle de projectiles vomit la mort dans nos rangs. Malgré ce feu terrible, contre lequel nous ne pouvions rien, on juge à propos de nous laisser en bataille, immobiles derrière nos batteries d'artillerie pour les soutenir, et notre cavalerie, qui sert de point de mire, essuie, pendant plusieurs heures, le feu continu de l'artillerie ennemie.

Le 1er hussards, placé derrière nous, est celui des cinq régiments qui eut le plus à souffrir du feu de l'ennemi. Et pourtant les hommes de ce régiment, voyant tomber leurs camarades et les chevaux autour d'eux, étaient si peu démoralisés qu'ils ont, pendant que les obus pleuvaient, chanté la *Marseillaise*, méprisant la mort qui décimait leurs rangs. A la fin de la journée, ils avaient perdu 26 officiers sur 31 et plus de la moitié des hommes et des chevaux.

1re charge, 3e chasseurs d'Afrique.

Le général Margueritte ordonne aux chasseurs d'Afrique de charger les quelques bataillons d'infanterie qui tiraient sur nous. Cette charge, conduite avec un entrain admirable, resta sans succès. Un ravin ignoré par nous, en avant de l'infanterie ennemie, a été un obstacle qui n'a pas permis aux chasseurs

d'arriver sur l'ennemi. Ceux-ci, ayant perdu
peu de monde, se sont ralliés en bon ordre

ALEXANDRE CHALERT
prisonnier de guerre à Mersebourg, mars 1871.

et ont repris leur place de bataille. Pourtant
beaucoup d'officiers et de cavaliers ont été
démontés dans cette charge.

Pendant ce temps, l'ennemi achevait son mouvement tournant et, vers midi, nous étions complètement cernés et exposés au feu de tous les côtés. Il n'y avait plus d'espoir dans le gain de la bataille... L'artillerie ennemie nous couvre de projectiles qu'elle nous envoie d'une distance telle que la nôtre ne peut lui riposter avec succès : nous apercevions nos boulets tomber à plus de cent cinquante mètres en avant de leurs batteries.

Mort du général Tillard.

La division de cavalerie légère, malgré des pertes sensibles, fait bonne contenance ; il n'y a aucun désordre jusque-là. Nous exécutons quelques mouvements pour nous retirer en bon ordre, et c'est après avoir exécuté un demi-tour que le général Tillard a été enlevé par un obus, ainsi que son aide de camp, le capitaine d'état-major, M. Proux, qui ne survécut pas d'une seconde à son malheureux général. Tous deux gisaient à terre, l'un à côté de l'autre, avec leurs chevaux tués comme eux...

La perte de notre général nous a été funeste ; nous avions une grande confiance dans son sang-froid et dans sa bravoure ; il est même probable que, si la mort ne nous l'avait enlevé, il eût essayé de se frayer un passage, au lieu de se replier sur Sedan.

Blessure et mort du général Margueritte.

Cependant l'ennemi avance toujours ; le feu de sa formidable artillerie redouble. Le général Margueritte est blessé grièvement à la tête ; obligé de quitter le champ de bataille, on le transporte à l'ambulance. La balle qui l'a frappé lui a fracassé la mâchoire et coupé la langue. Il ne reste plus de généraux pour nos cinq régiments, car notre division a été augmentée du 4e chasseurs d'Afrique, au commencement de la bataille. Nous avons appris depuis que le général Margueritte était mort le lendemain, des suites de sa blessure.

Le général de Salignac-Fénelon

Le général de Salignac-Fénelon prend le commandement de la division ; on ordonne des charges successives, par escadron, qui commencent par les chasseurs d'Afrique. Ces charges, poussées avec un entrain et un élan admirables, étonnèrent l'ennemi lui-même, qui est resté ébahi de notre audace, car il n'avait jamais vu employer de la cavalerie légère à charger en ligne contre des batteries d'artillerie, soutenues elles-mêmes par de l'infanterie et de la grosse cavalerie. Nous n'avions aucune chance de succès, et le résultat de cette maladroite et folle manœuvre a été une perte considérable d'officiers et de cavaliers. C'était nous conduire de gaieté de cœur à une mort presque certaine. Et pourquoi ? pour arrêter la marche de l'ennemi ? pour enlever ses pièces ? L'un et l'autre était impossible ; l'ennemi avait achevé son mouvement et nous ne l'avons pas gêné dans sa marche, puisque les escadrons n'arrivaient pas à 30 mètres de ses lignes.

Mort du capitaine de Querhouent.

Ce fut dans cette charge que le capitaine de Querhouent, commandant le 2° escadron du régiment, fut tué sous les batteries prussiennes. Cet officier, qui a montré une valeur digne d'un meilleur sort, est tombé en héros, car son escadron fut le seul, des dix qui ont pris part à la charge, qui soit arrivé sur l'ennemi. Le peu de temps que j'ai eu l'honneur de connaître ce brave m'a pourtant permis de l'apprécier. Le capitaine de Querhouent était jeune, plein d'avenir, sa carrière ne se serait pas arrêtée là, car il était appelé à rendre d'utiles services à la cavalerie légère et à son pays.

Cet officier a laissé de vifs regrets au régiment.

Puisqu'il avait été décidé que les escadrons seraient envoyés à la charge, pourquoi ne pas les placer en échelons ? Cette disposition étant reconnue la meilleure pour les charges en ligne dirigées sur de l'infanterie en carré, ou bien mieux encore, pourquoi ne pas envoyer les escadrons en *fourroyeurs* ? On aurait perdu beaucoup moins de monde, le résultat ne pouvait être moindre.

Nous nous souviendrons longtemps de cette charge où nous avons vu revenir tant de chevaux sans cavaliers et peu de cavaliers sans leurs chevaux.

Si certains officiers de cavalerie étaient consultés sur l'emploi de cette arme, sur les services qu'elle est appelée à rendre, sur le rôle qu'elle doit à l'avenir jouer en campagne, tous répondraient que le moment de l'employer comme les Murat, les Ney et les Kellermann est passé ; qu'avec les armes actuelles, il est insensé de sacrifier des régiments en pure perte, qu'à l'instar des armées allemandes, le moment est arrivé d'employer la cavalerie dans le service des reconnaissances, des patrouilles, des grand'-gardes, des réquisitions, enfin, de lancer la cavalerie légère par petits groupes sous le commandement d'officiers entreprenants et intelligents, très en avant du gros de l'armée ; de couper les lignes télégraphiques, les chemins de fer, de surprendre les convois et de faire à l'ennemi tout le mal possible en le harcelant constamment par des attaques imprévues.

Le général de Salignac-Fénelon blessé.

Cependant le signal de la retraite est donné ; c'est en ce moment que le général de Fénelon qui, le sabre à la main, veut encore tenter un dernier effort, reçoit une balle dans la jambe qui le met hors de combat.

Le 1er hussards est appelé par le général Ducrot pour charger des bataillons d'infanterie. La charge fut très brillante, mais le régiment perdit beaucoup de monde. Nous battons en retraite, à travers un bois très fourré dans lequel l'ennemi nous voit nous engager. C'est alors que nous sommes couverts d'obus et de boulets qui nous font beaucoup de mal ; les arbres étaient abattus à coups de projectiles et nos malheureux chevaux qui n'en pouvaient plus, affolés par le feu, étaient obligés de franchir à chaque pas un nouvel obstacle.

Je me demande encore aujourd'hui comment nous sommes sortis de ce cercle de fer et de feu, où le gémissement des mourants se mêlait au fracas continuel des arbres brisés, de la chute des cavaliers et du sifflement infernal des projectiles. Avant d'entrer dans le bois, j'ai vu le corps du malheureux Troullot, adjudant au régiment, gisant sur le terrain. Le malheureux jeune homme avait été tué dès le commencement et sa montre sortait de son gousset ; deux chasseurs d'Afrique mettent pied à terre pour la lui enlever, mais à peine s'étaient-ils baissés, qu'ils sont tués tous les deux par un obus.

A la sortie du bois, le colonel fait sonner le ralliement. Quelques officiers et quelques hommes seulement se trouvent derrière lui. Pour mon compte, j'étais égaré dans les bois. J'avais perdu la direction et n'ai pu le rejoindre qu'un peu plus tard, avec une poignée d'hommes, que j'ai pu rallier à moi.

Retraite.

Nous n'avons plus de général pour nous diriger ; chasseurs et hussards sont pêle-mêle et l'artillerie ennemie continue à nous faire éprouver de nombreuses pertes. C'est dans ce désordre que nous suivons le mouvement de la retraite et que nous nous trouvons, sans nous en douter, près des fossés des fortifications de Sedan où une masse d'artillerie et beaucoup d'infanterie nous avaient précédés. Nous avons quitté le champ de bataille les derniers, ne laissant après nous que les blessés et des fuyards qui ont été ramassés en grande partie par l'ennemi. Nous sommes forcés d'abandonner les batteries d'artillerie que nous protégions. Les braves et malheureux artilleurs qui les avaient servies se sont fait tuer jusqu'au dernier par un ennemi invisible pour eux comme pour nous. L'artillerie ennemie tirait d'une distance d'au moins 2 kilomètres. Nous étions navrés et nos cœurs saignaient de quitter ainsi ce champ de bataille où nous avions laissé tant de nos braves camarades, sans pouvoir obtenir un combat sérieux de cavalerie que nous brûlions d'avoir ; nous étions au désespoir de laisser à l'ennemi nos batteries d'artillerie qui s'étaient si vaillamment comportées depuis 5 heures du matin jusqu'à 3 heures du soir. Toute notre brigade se rappellera la batterie qui était placée à notre gauche. A 2 heures de l'après-midi, il ne restait plus qu'un maréchal de logis. Ce brave soldat se promène autour de ses pièces abandonnées, ses gestes et son regard semblent réclamer du sort des armes une fin héroïque semblable à celle de ses camarades ; il ne l'a pas attendue long-temps : dix minutes après il avait cessé de vivre, un obus le coupa en deux !

Nous entrons dans les fossés des fortifications de Sedan, à cheval ; nous ne mettons pied à terre que quelques instants après. Le feu ennemi continue ; celui des remparts de Sedan lui répond, nous continuons à être exposés aux nombreux projectiles qui foncent sur les remparts et qui viennent se briser, en éclatant, contre les murs des fortifications. Les éclats tombent sur nous et blessent quelques hommes. Un officier de chasseurs d'Afrique est tué ; nous nous réunissons et, d'accord avec notre colonel, nous trouvons que la situation n'est pas tenable dans les fossés et que d'ailleurs la ville ne tardera pas à être incendiée. Il est décidé à l'unanimité qu'il faut monter à cheval, sortir des fossés et nous frayer un passage, coûte que coûte. Nous sautons à cheval, mais à peine avions-nous fait deux cents mètres qu'une grêle de projectiles tombe autour de nous, et il est facile de voir qu'avant que nous ayons fait deux ou trois cents mètres, nous serons tous tués ou faits prisonniers. Nous nous décidons à rentrer dans les fossés, le petit nombre de notre troupe ne permettant plus de tenter le moindre effort. Enfin le feu cesse vers 5 heures du soir ; on arbore le drapeau blanc, les portes de la ville sont ouvertes et chacun est libre d'y aller, pour y acheter, si cela est possible, un morceau de pain. Nous n'avions pris aucune nourriture depuis la veille.

Grâce à l'obligeance de M. Deville, aide-chirurgien au régiment, qui se trouvait à Sedan, depuis plusieurs jours, j'ai trouvé à me réconforter dans une petite auberge.

Mort du général Gérard.

En passant sur la place de Turenne, j'entrai dans un café où je trouvai le général Gérard gisant sur le plancher ; il venait d'expirer à la suite d'une attaque d'apoplexie.

Beaucoup de maisons de Sedan avaient été gravement endommagées par les projectiles ennemis.

Capitulation.

Le lendemain, on nous lit les conditions de la capitulation, signée au nom de l'armée française par le général Wimpffen. Le rouge me monte au visage en écrivant ces lignes, car je suis, malgré moi, forcé de convenir que quatre-vingt mille Français se sont rendus à deux cent quarante mille Prussiens.

Cependant, nous avons fait notre devoir.

Pas un des nôtres, je veux dire des régiments de cavalerie formant notre division, n'a cherché à s'esquiver du champ de bataille, même pendant le plus chaud de l'action, ne suivant pas en cela l'exemple de bien des régiments d'infanterie, qui, il faut l'avouer à leur honte, ont quitté le terrain, soit en masse, soit par fractions. Exemple : les cinq compagnies du 56e qui ont trouvé une issue ; mais qu'ils ne viennent pas nous dire qu'ils sont partis après avoir combattu, car après 10 heures du matin, nous étions cernés de tous côtés ; ils s'y sont donc pris à temps et de bien bonne heure pour décamper. Je ne mentionne que cet exemple, car je n'en finirais pas si je voulais citer les mille et une lâchetés qui se sont commises sous mes yeux ; c'est autant de honte de plus à ajouter à notre honteuse capitulation. Nous n'étions pas trop démoralisés jusqu'alors ; l'espoir nous soutenait quand même ; nous ne pouvions croire, ce qui était pourtant déjà bien vrai, que nous étions prisonniers.

Les 2 et 3 septembre, je parcourus la ville dans tous les sens, non seulement pour y chercher de la nourriture, mais aussi pour recueillir des renseignements sur les événements. La ville avait un aspect que je n'oublierai jamais : les maisons étaient fermées ; une masse de voitures et de chevaux encombraient les rues ; des blessés gisaient sur les trottoirs ; des chevaux mouraient au milieu des rues et étaient dépecés par les soldats pour subvenir à leur nourriture. On commence à voir quelques Prussiens, car l'ennemi n'a pas encore fait son entrée dans Sedan. On aperçoit bientôt des généraux, des officiers supérieurs blessés, qui ont peine à se soutenir, se dirigeant vers les ambulances pour se faire soigner ; on trouve de tous côtés des armes abandonnées par la troupe.

Le 3 septembre, dans l'après-midi, le roi Guillaume entre dans Sedan. Notre division, à son tour, est conduite à 3 kilomètres de la ville dans la propriété de M. Bacon, où l'armée française est déjà en grande partie rassemblée ; nous nous installons au bivouac, par une pluie battante, le long de la Meuse. La ville de Sedan avait en ce moment un aspect hideux. Les soldats français brisaient leurs armes pour ne pas les rendre. Ils les jetaient en masse dans la Meuse. Nous marchions sur tous ces débris. Sur tout notre parcours, pour nous rendre au bivouac, nous voyions les trottoirs littéralement occupés par des fantassins ivre-morts dans une tenue repoussante.

Je dois le dire, à la louange de la cavalerie, nos hommes n'avaient pas quitté leurs chevaux, ils ne savaient pas, les braves soldats, qu'ils étaient appelés à les voir mourir de faim plus tard. Quelques soldats, appartenant à toutes les armes, insultaient les officiers, même les généraux ; l'indiscipline était portée à son comble. L'indignation des officiers avait atteint, elle aussi, ses dernières limites. Pour mon compte, j'avais mon revolver chargé, et je n'aurais pas hésité à brûler la cervelle au premier troupier qui m'aurait insulté de trop près, tellement j'étais énervé.

Le régiment se constitue prisonnier.

Le lendemain, nous remontons à cheval pour nous rendre au camp prussien; les officiers seuls conservent leurs armes. Les troupes prussiennes formaient la haie sur notre passage; nous avions, tous, les larmes aux yeux et la rage dans le cœur, et pas un d'entre nous n'a pu s'empêcher de se dire en voyant ces soldats : « Comment, c'est à des troupiers comme ceux-là que nous nous rendons ! quelle honte ! »

L'infanterie bavaroise n'avait rien d'imposant. Les hommes ressemblaient à ces joueurs de clarinettes qui viennent si souvent en France nous écorcher les oreilles. La cavalerie avait meilleure apparence ; les hommes étaient plus propres, les chevaux bien harnachés, mais quelle différence des hommes et des chevaux avec les nôtres.

Nous fîmes notre entrée dans le camp de la honte et de la misère, convaincus que, sans leur formidable artillerie, jamais ces gens-là ne seraient venus à bout de nos régiments, malgré leur bonne discipline qui leur donne beaucoup de force et qui est la seule supériorité qu'ils aient réellement sur nous.

Nous voyons arriver au camp encore 5 à

600 hommes de toutes armes faits prisonniers sur le champ de bataille le 1ᵉʳ septembre. Avant d'entrer dans le camp, on les fait passer devant le roi Guillaume qui leur dit : « Mes amis, vous avez été bien battus, vous avez été vaincus par le nombre. »

Un artilleur s'avance et lui dit : « Sire, sans la trahison, vous n'auriez pas été vainqueurs. » — « Non, répartit le roi, vous n'avez pas été trahis, vous avez été, je le répète, vaincus par le nombre et écrasés par l'artillerie, qui est plus nombreuse et peut-être supérieure à la vôtre. »

L'artilleur, un Alsacien, s'en retourna en grommelant dans sa barbe : « Cause tuchure ». J'ai pensé comme lui.

J'ai entendu un capitaine d'artillerie dire : « Quand le moment sera venu, je n'hésiterai pas à dire qui a donné à l'ennemi notre plan de bataille ».

Pour mon compte, j'ignore le nom de ce capitaine qui parlait avec tant d'assurance, mais j'ai cru ce qu'il disait.

Notre colonel nous rassemble pour nous annoncer officiellement que nous étions prisonniers de guerre, mais que, d'après les conditions de la capitulation, ceux qui voudraient rentrer en France étaient libres et recevraient un sauf-conduit de la Prusse, à condition qu'ils s'engageassent, par écrit, à ne pas prendre les armes contre l'Allemagne, pendant tout le temps que durerait la guerre ; que lui, chef de corps, il ne rentrerait pas en France, son régiment étant prisonnier. Nous lui répondîmes unanimement que notre sort était lié au sien et à celui de nos braves soldats et que nous préférions la captivité au déshonneur. Nous restâmes au camp de malheur du 3 au 7 septembre inclus, dans la boue jusqu'aux genoux, couchés dans l'eau, n'ayant pas même une botte de paille pour garantir nos reins de l'humidité du sol, sans vivres et condamnés à voir nos malheureux soldats et nos malheureux chevaux mourir de faim. Ils n'avaient rien mangé depuis le 1er septembre à 3 heures du matin.

Souffrances morales et physiques au camp de Sedan.

Enfin, le 5 septembre, les généraux ennemis nous font distribuer un mouton par escadron et un morceau de viande de vache. Les officiers trouvent le moyen d'acheter un porc énorme et voilà notre nourriture assurée au moins pour deux jours. Je me rappellerai longtemps les fameuses pommes de terre pas mûres que nous mangions, le matin et le soir, pendant les journées des 3, 4 et 5 septembre. Quant à nos malheureux chevaux, ils n'avaient absolument rien ! Plusieurs régiments avaient lâché les leurs et les avaient abandonnés dans le camp. Les pauvres bêtes se sont par instinct rassemblées, comme à l'état sauvage, et ont brouté le mieux qu'elles ont pu ; mais quand elles voulaient dépasser les limites, un escadron de hussards ou de uhlans arrivait, armé de gaules, et les ramenait dans la prairie comme un troupeau de moutons. Les hommes prenaient plaisir à prendre les chevaux arabes et leur faisaient saillir les juments, de là, cohue dans le camp, coups de pieds, morsures, tentes renversées, etc.

Quant aux harnachements, les hommes les ont coupés et en ont fait du feu ; les fantassins et les artilleurs se sont couverts d'ignominie en s'introduisant dans le château et le parc de M. Bacon. Cette belle propriété a été en proie à des actes de vandalisme que je rougis de raconter. Cependant, je ne puis m'empêcher de blâmer les officiers des différents corps, qui se sont permis de s'installer dans le château et qui n'ont pas craint de salir différents objets de valeur.

Si nous avons souffert, nous n'avons à nous reprocher aucune des infamies commises dans cette belle propriété et nous n'aurions certes jamais autorisé tous ces actes d'indiscipline. Il m'a été raconté que pendant que nos soldats se livraient à toutes ces bassesses, un officier prussien, de sa propre autorité, faisait fusiller, derrière une haie, un soldat des leurs qui avait volé une poule. Je ne garantis pas l'exactitude de ce fait, mais je constate la bonne discipline des Allemands et le respect qu'ils avaient pour nous, respect que certains régiments français avaient depuis longtemps méconnu. Le 6 septembre, nos officiers supérieurs sont libres de se rendre, sur parole, montés et accompagnés de leurs ordonnances, à Pont-à-Mousson. Le reste du régiment attend sa destinée.

Le lendemain 7 on nous prévient que tous les officiers inférieurs, au nombre de quatre cents environ, rendraient leurs armes et partiraient le lendemain 8, sur des charriots, pour être dirigés sur l'Allemagne. Nous brisons nos sabres avec rage plutôt que de les rendre, et nous cachons nos revolvers ; j'ai conservé le mien jusqu'à Etain où je l'ai confié à un ancien frère d'armes, que j'ai rencontré par hasard et qui avait servi avec moi au 10e d'artillerie. J'ai cru agir prudemment en abandonnant provisoirement cette arme, car j'aurais peut-être pu m'en servir dans un moment d'exaspération bien pardonnable à raison des mille vexations auxquelles nous étions journellement en butte.

Nous sommes partis le 8, à midi, de ce camp de la désolation, après avoir assisté au navrant spectacle qu'offraient nos chevaux mourants de faim. Nous traversons tout d'abord Sedan, cachant nos têtes dans nos manteaux pour ne pas voir les officiers prussiens se prélasser dans les hôtels et dans les cafés et regardant d'un air moqueur ce triste défilé d'officiers français qui avaient faim.

Les habitants nous jettent des morceaux

de pain que nous acceptons avec empressement et quelques bouteilles de vin qu'on se dispute ! Enfin nous quittons cette place, où l'armée française a été couverte de honte, nous dirigeant sur Stenay.

Pendant tout le trajet, nous ne voyons que des maisons trouées par les balles et un ramassis considérable d'effets appartenant à des soldats prussiens qui avaient succombé le jour de la bataille.

En traversant Bazeilles, ou plutôt les cendres de Bazeilles, j'ai fait encore une fois bien des réflexions, assis sur mon portemanteau, dans une mauvaise charrette, sur les épouvantables calamités de la guerre, à la vue de ce beau village complètement détruit. Pas une maison n'avait été épargnée. C'était partout des cadavres d'hommes, de femmes, de chevaux. Du sang partout, les maisons fumantes encore, quelle horreur ! ! !

Stenay, 8 septembre.

Nous arrivons à Stenay à 10 heures du soir ; les habitants prévenus d'avance nous attendaient ; ils nous accueillirent tous selon leurs moyens ; les pauvres gens étaient déjà complètement dépourvus de vivres. J'étais en train de me faire une soupe à l'oignon lorsqu'on frappa à la porte. Je vis entrer trois officiers de chasseurs d'Afrique, parmi lesquels je retrouvai mon compatriote Schène. Ces messieurs partagèrent ma soupe ; Schène alla chercher quelques bouteilles de vin. Nous nous installâmes dans une chambre sur de la paille et, ma foi, nous dormîmes comme des bienheureux, car nous avions pu nous déshabiller et quitter nos bottes ; quel bonheur !

Le lendemain nous arrivons à Ecurie, petit village près de Donwillers, où nous arrivons par une pluie battante à 4 heures du soir ; là deux de nos camarades, Gosselin et Chevillot, se sont évadés et sont arrivés heureusement à Tarascon.

Nous nous mettons en route le lendemain à 8 heures, toujours sur nos mauvaises charrettes, et traversons des villages qui fourmillent de troupes ennemies. C'est à Etain que j'ai rencontré Destré à qui j'ai laissé mon revolver. J'étais logé chez un perruquier avec deux officiers d'artillerie. Nous avons assisté au triste spectacle que nous offrait un pauvre fantassin devenu fou ; ce malheureux jeune homme me réclamait sa Marie, une petite bonne, disait-il. Je l'ai pris sous mon bras et l'ai conduit à l'ambulance. En quittant Etain, nous avons contourné Metz pendant plusieurs heures, route longue et fatigante, pénible et moralement et physiquement. Nous regardions Metz : j'avais le fol espoir, parfois, de voir tout d'un coup un corps d'armée sortir de la ville, venir à notre secours et nous délivrer. Hélas ! je n'ai vu le long de cette route interminable que des troupes ennemies, des convois de blessés, des champs de bataille, des débris d'effets laissés par les morts et, en passant vers 9 heures du soir sur le champ de bataille de Gravelotte, de grandes fosses fraîchement fermées, d'autres plus petites surmontées de croix en bois ou en paille, indiquant le tombeau d'un officier supérieur. Mon Dieu, que de sombres pensées me passèrent par l'esprit dans ce triste voyage nocturne qui ne devait pas se terminer ainsi, ce jour-là !

Gorze, 10 septembre.

Enfin, vers dix heures du soir, nous arrivons à Gorze, où nous croyons trouver un gîte et pouvoir nous reposer. Mais grande fut notre déception ; le général prussien qui commandait les troupes réunies dans cette localité nous a empêchés de nous y installer. On nous conduisit à 2 kilomètres plus loin, à la « ferme Sainte-Catherine », près d'un château, où nous avons été parqués exactement comme un troupeau de bétail quelconque, dans la boue, sans vivres, avec défense expresse d'aller dans le village pour nous en procurer. Un piquet d'infanterie nous gardait, le fusil chargé bien entendu. Pourtant nous eûmes l'autorisation d'aller nous coucher dans une bergerie ; j'en ai profité pour m'étendre sous une table, où je ne tardais pas à m'endormir après avoir grignoté un morceau de biscuit que j'avais encore heureusement sur moi et bu une gorgée d'eau qu'un de mes camarades a bien voulu me céder. Beaucoup d'entre nous ont attrapé de la vermine dans cette étable. Au moment de quitter ce lieu infect, le lendemain matin, un artilleur ordonnance cherche à entrer dans le village pour procurer du vin à son capitaine ; il est arrêté par une sentinelle. Mais il fait signe pour expliquer qu'il vient pour acheter du vin et qu'il va revenir. Pour toute réponse il reçoit un coup de baïonnette dans le bras. Cependant il force la consigne et veut continuer. La sentinelle lui envoie alors sans mot dire une balle dans les reins. Il n'était pas mort ; une heure après on lui a donné quelques soins. Je souhaite de tout mon cœur que l'on soit parvenu à sauver ce pauvre diable qui, au risque de sa vie, donnait une si grande preuve de dévouement à son officier.

Lâcheté prussienne vis-à-vis de prisonniers d'armes.

Après ce triste spectacle nous remontâmes sur nos huit ressorts à 8 heures du matin. Un peloton d'infanterie, destiné à nous escorter, charge les armes sous notre nez ; nous nous mettons en route, ignorant pendant toute la journée vers quelle destination. Partout, sur notre passage, nous ne trouvons que des troupes ennemies et, en passant à Corny, un corps assez considérable : c'était l'armée du prince Frédéric-Charles.

Nous avons pu à Corny nous pourvoir de pain, de vin et de fruits. On s'arrête un instant pour faire l'échange de quelques officiers prisonniers et nous continuons notre triste voyage, toujours autour de Metz, pendant longtemps et à 8 kilomètres de 100.000 Français qui devaient nous enlever comme un seul homme. Bazaine ignorait-il notre passage ? Je ne le crois pas.

Remilly, *11 septembre.*

Nous arrivons à Remilly à 10 heures du soir ; l'endroit est également occupé par des troupes ennemies.

C'est là qu'il faut quitter le sol de la patrie !

A 3 heures du matin, nous montons dans des wagons à bœufs, entassés par 15 et 20 officiers, dans chaque compartiment. C'est ainsi qu'on nous transporte en Prusse.

Erfurth.

A la pointe du jour, nous arrivons à Sarrebruck et, après trois nuits et deux jours, nous débarquons à Erfurth à 5 heures du soir; je me rappellerai ce voyage dans des wagons de bestiaux. J'y ai rencontré des officiers dignes d'occuper de semblables compartiments parce qu'ils avaient oublié toute la bienveillance que l'on se doit dans l'adversité. Nous avons été reçus à la gare par le général de Méchaélo qui nous fit conduire au quartier d'artillerie ; il nous donna la permission d'aller en ville, où il avait fait préparer pour nous une légère collation dans les hôtels, en laissant libres ceux qui voulaient y passer la nuit. J'en ai bien profité avec une douzaine de mes camarades. Nous nous sommes arrangés sur de la paille, par terre, et nous avons bien dormi, car nous avons pu nous déshabiller.

Le lendemain, le général prussien nous rassemble, nous fait un petit discours en mauvais français, mais dont nous comprenons le sens ; il nous dit, avec une certaine émotion, qu'il plaint sincèrement notre sort, et nous promet de faire tout ce qui dépendra de lui pour nous être agréable ; il rendra notre captivité aussi douce qu'il le pourra. Il ajoute que nous sommes trop nombreux et qu'une centaine d'entre nous seront dirigés sur Mersebourg.

Nous avions déjà couru toute la ville pour nous loger, lorsque nous apprîmes que les officiers du régiment étaient désignés pour Mersebourg.

Mersebourg.

Là, nous sommes reçus à la gare par un officier de hussards du nom de Reissdorff qui nous conduit au cercle et nous présente au capitaine (*Rittmeister*) commandant l'escadron de la place, lequel nous fait distribuer des billets de logement et nous laisse la latitude d'aller nous promener à notre guise, à la condition d'être rentrés dans nos logements de 10 heures du soir à 5 heures du matin. Nous avons, le jour même de notre arrivée, quitté nos effets militaires, pour les soumettre à un nettoyage complet, et le lendemain nous avions de la peine à nous reconnaître dans nos nouveaux costumes bourgeois, chacun s'étant affublé selon ses moyens et ses goûts. Les habitants de Mersebourg se sont montrés bienveillants et polis envers nous. Nous sommes à peu près certains qu'il a été recommandé dans les écoles, à toute la jeunesse, de nous saluer par un « *Ponchur Mossié* », quand nous passions à côté d'elle. Nous répondions très poliment à ses nombreuses salutations, qui, de polies qu'elles nous paraissaient au commencement, tournent aujourd'hui à la dérision.

Quant à moi, je ne réponds plus que par le mot de Cambronne, car j'ai appris, par expérience, que toutes les courbettes que nous faisait ce vil peuple ne lui étaient dictées que par sa rapacité. Nous avions tous quelques louis que nous avons dépensés dans leurs magasins pour nous procurer les effets indispensables et, en somme, je conclus que ce n'est que l'argent français qui puisse rendre un Prussien courtois et je mets en fait que, si nous avions su l'employer en temps et lieu, nous aurions eu, dans leur armée même, des espions tant que nous en aurions voulu. La plupart de ces gens-là n'ont pas de cœur.

Nous avions au début la latitude de visiter les villes environnantes (Leipzig, etc.), avec la permission du capitaine commandant des hussards qui ne la refusait jamais. J'ai bien fait d'en profiter, car aujourd'hui il ne nous reste que le droit de faire 4.000 mètres au plus et de rentrer chez nous à 9 heures du soir et d'assister tous les jours à midi à l'appel. Nous sommes soumis à toutes les rigueurs de la loi de la guerre par suite des nombreuses évasions. Ce qu'il y a encore de plus triste pour nous, c'est quand les Prussiens annoncent par dépêche leurs succès dans notre malheureux pays, ou la reddition d'une place. Immédiatement de nombreux drapeaux sont arborés dans la ville et nous sommes condamnés à assister à cette allégresse qui nous navre.

Quand cela finira-t-il, grand Dieu !!!

IMPRIMERIE R. TANCRÈDE, 15, RUE DE VERNEUIL, PARIS.